Nous, on sait
pourquoi...

www.lirecestpartir.fr
ISBN 978-2-35024-428-0

Les élèves de CE2, CM1 et CM2
École de Millay

Nous, on sait pourquoi...

Illustrations de
Pierre Fouillet

Lire c'est partir

À Régis, à Estelle
et à notre maîtresse.

Pourquoi le loup mange-t-il les agneaux ?

En ce temps-là, les loups étaient doux comme des agneaux. Dans un grand bois vivaient deux amis. L'un était un agneau et l'autre était un loup. Ils adoraient jouer ensemble. Leurs jeux préférés étaient : loup touche-touche, saute-mouton, loup glacé...

Mais un jour que les deux amis avaient beaucoup joué, ils allèrent se désaltérer. L'agneau voulut faire une farce au loup. Il lui fit peur. Le loup sursauta et tomba dans l'eau. Il se retrouva ébouriffé comme un mouton. Le loup rentra dans une colère noire et dit à l'agneau : « Qui te rend si hardi de troubler mon breuvage ? Tu seras châtié de ta témérité. » Sur ces mots, le loup l'emporta et le mangea en trouvant qu'il avait bon goût.

Depuis ce jour, les loups mangent de l'agneau.

Le lundi : gigot d'agneau.
Le mardi : panse d'agneau.
Le mercredi : tajine d'agneau.
Le jeudi : merguez d'agneau.
Le vendredi : couscous à l'agneau.
Le samedi : côtelette d'agneau.
Le dimanche : ragoût d'agneau.
Et le lundi, tout recommence.

Si vous voyez un loup jouer avec un agneau, c'est que vous êtes dans une fable.

Antoine

À l'orée du bois...

Nous, on sait pourquoi...

Pourquoi
le renard est-il rusé ?

Il y a très longtemps, le renard n'était pas rusé. Comme il n'était pas rusé, il ne pouvait pas manger. Les animaux se moquaient de lui et lui disaient : « Tu es bête comme tes pattes ! »

Le corbeau mangea tous les fromages. Le bouc l'abandonna au fond du puits. Ysengrin lui fit perdre sa queue dans la glace au cours d'une partie de pêche. La galette le fit courir très vite et la cigogne lui mangea tout son repas.

Mais un jour, il en eut assez que les animaux se moquent de lui. Il décida d'entrer à l'école des « Farces et Attrapes ». Il apprit alors à être très rusé. Il apprit à se cacher, à faire des pièges, à devenir menteur, à faire des plans et même à se déguiser.

Depuis ce jour, il peut voler le fromage du corbeau, sortir du puits en montant sur les cornes du bouc, affamer la cigogne, faire des blagues à Ysengrin, manger de la galette…

Si vous voyez un renard avec un loup, c'est qu'il va au carnaval !

Margaux

Pourquoi la cigale chante-t-elle ?

Il y a très longtemps les fourmis habitaient dans des petits trous confortables avec suffisamment de place pour stocker les provisions pour l'hiver. Elles hébergeaient leurs meilleures amies les cigales. Ensemble, elles travaillaient, tout l'été, pour emmagasiner ces provisions.

Mais un jour d'été, la cigale se leva avec des fourmis dans les pattes. Elle décida de ne pas aller travailler de toute la journée. La fourmi qui l'accueillait était très en colère. Elle la fit sortir de chez elle avec son baluchon. Pour l'amadouer, la cigale lui chanta : « J'aime la galette, savez-vous comment ? Quand elle est bien faite avec du beurre dedans !... » La fourmi, qui avait un cœur de guimauve, l'a laissée revenir chez elle.

Depuis ce jour, les cigales chantent pour amadouer les fourmis et pour ne pas avoir à travailler.

Si vous entendez une cigale chanter, c'est que c'est l'Épiphanie !

Maxime

À l'orée du bois...

Nous, on sait pourquoi...

Pourquoi
le roseau est-il flexible ?

Il y a bien longtemps, le roseau était raide. Il faisait des concours de vents, avec le chêne, son ami. Première épreuve, le zéphyr : le roseau pencha. Deuxième épreuve, la brise : le roseau frôla le sol. Dernière épreuve, la bise : le roseau toucha terre et tomba. Résultat : le chêne, qui n'avait pas bougé d'une feuille, gagna toutes les épreuves. Le roseau était triste car il avait perdu.

Mais un jour, le roseau décida de se mettre à la gymnastique pour s'assouplir. Il y alla tous les jours. Le lundi, il fit des étirements. Le mardi, des abdominaux. Le mercredi, de la course et le reste de la semaine, il fit du yoga. Quelque temps après, il y eut une énorme tempête. Le petit roseau, qui était désormais très flexible, pencha mais il ne tomba pas. Le vent fit si bien qu'il déracina celui de qui la tête au ciel était voisine et dont les pieds touchaient désormais à l'Empire des Morts.

Et c'est depuis ce jour que les roseaux sont flexibles et résistants à tous les vents. Ils se moquent des chênes à leur tour.

Si un jour vous voyez un roseau raide, surtout emmenez-le à votre cours de gymnastique !

Lucie

Pourquoi
le lait se vend-il en briques ?

Autrefois, on transportait le lait en pot. Le lait voyageait bien posé sur un coussinet.

Il y avait une grosse entreprise de livraison à domicile où travaillaient des ouvriers très habiles.

Mais un jour, le patron n'avait plus assez de livreurs donc il reçut une nouvelle ouvrière qui était étourdie et un peu dans les nuages. Elle s'appelait Perrette. Lors de la livraison, cette ouvrière, qui n'était pas concentrée sur son travail, trébucha car elle rêvait qu'un jour elle serait la patronne de son entreprise et qu'elle pourrait alors s'acheter une vache et son veau, un cochon, des poules avec leurs couvées...

Bref, elle renversa tout le lait !

Elle présenta ses excuses au patron mais fut renvoyée.

Depuis ce jour, le lait se vend en briques, avec un bouchon vissable ! Les ouvriers peuvent donc rêver et il n'y a plus de lait renversé.

Si vous voyez du lait renversé, c'est que vous n'avez vraiment pas de pot !

Marius

À la ferme…

Nous, on sait pourquoi...

Pourquoi les vaches ont-elles quatre mamelles ?

Il y a très longtemps, les vaches n'avaient qu'une seule mamelle. Dans sa grange, l'agriculteur passait tout son temps à traire les vaches. La « Vache qui rit® » ne riait pas et la « vache Milka® » n'avait pas le temps de manger son chocolat. Perrette, la laitière qui faisait beaucoup de desserts, appelait tous les jours l'agriculteur pour avoir plus de lait.

Mais un jour, l'agriculteur, très fatigué, n'arriva plus à trouver la mamelle et tira sans cesse à côté. À force de tirer, une nouvelle mamelle apparut ! Avec cette mamelle supplémentaire, il y avait moins de travail et plus de lait. Il décida donc de tirer encore à côté pour avoir quatre mamelles, quatre fois plus de lait et quatre fois moins de travail…

Depuis ce jour, les vaches ont quatre mamelles. Perrette la laitière fait quatre fois plus de desserts : du riz au lait, de la semoule, du flan et plein de gâteaux. Grâce au lait de la « vache Milka® », elle fait de la mousse au chocolat.

Si vous voyez une vache avec une seule mamelle, alors ce n'est pas la Vache qui rit®.

Justine

Pourquoi les lapins ont-ils de grandes oreilles ?

Il y a très longtemps, les jeunes lapins entendaient très mal car ils avaient de très courtes oreilles. Les lapins âgés, n'en parlons pas ! On évitait de peu les catastrophes... Le lapin en retard, qui essayait de rattraper la tortue, manqua de se faire écraser par une voiture. Les lapins ne commençaient pas les compétitions au bon moment et ne venaient pas manger quand on les appelait. C'était très pénible !

Mais un jour, la tortue, qui en avait ras-le-bol de commencer les courses en retard, leur conseilla de manger des carottes. Elle avait lu que les carottes faisaient pousser les oreilles des lapins, y compris celles des lapins âgés. Les lapins ne firent pas la sourde oreille ! Ils suivirent son conseil et entendirent bien mieux !

Depuis ce jour, les lapins ont de grandes oreilles et entendent très bien. Ils commencent les compétitions et les courses avec les tortues bien au signal. Ils viennent manger aussitôt qu'on les appelle. Qu'y a-t-il au menu ? Lundi : carottes cuites. Mardi : purée de carottes. Mercredi : carottes râpées. Jeudi : julienne de carottes. Vendredi : carottes à la vapeur. Samedi : jardinière de carottes et dimanche : velouté de carottes...

Si vous voyez un lapin avec de courtes oreilles, soit il est sourd comme un pot soit il n'aime pas les carottes !

Elsa

À la ferme…

Nous, on sait pourquoi...

Pourquoi les souris sont-elles blanches ?

Autrefois, les souris étaient bleues, toutes bleues comme le ciel. Elles adoraient courir dans l'herbe. Pendant que les chats dormaient, les souris couraient !

Mais un jour, un petit garçon, daltonien et cruel, qui adorait les souris qui couraient dans l'herbe verte, en attrapa une par la queue. Il la montra à tout le monde dans le village. Ensuite, il la trempa dans l'huile, la plongea dans l'eau et la déguisa en escargot. Quand il ne voulut plus jouer avec elle, il la jeta au fond d'un tiroir et... l'oublia.

La petite souris tourna en rond très longtemps. Elle décida de percer un trou pour s'échapper. Comme elle était restée très longtemps prisonnière dans le noir du tiroir, quand elle sortit, elle était... toute blanche comme un cachet d'aspirine !

Depuis ce jour, les souris sont blanches et ne courent plus dans l'herbe car elles ont peur d'être attrapées par des petits garçons cruels et daltoniens.

Si vous voyez une souris verte, ce sont des lunettes qu'il vous faut. Consultez vite un ophtalmo !

Bérénice

Pourquoi les chats ont-ils des griffes ?

LES ÉLÈVES DE CE2 MÈNENT L'ENQUÊTE...

Autrefois, les chats n'avaient pas de griffes mais des ongles tout ronds. Ils ne chassaient pas le gibier. Les lions, les tigres et les lynx, eux, avaient de longues et très méchantes griffes. Alors les chats étaient très tristes.

Un jour, ils dirent aux lions : « Est-ce que vous pouvez nous donner une copie de votre recette pour faire pousser les griffes ? » Mais les lions et compagnie se moquèrent d'eux. Alors ils partirent, à la nuit tombée, espionner les lions. Certaines rumeurs disaient que les lions utilisaient leur recette secrète, la nuit, à l'abri des regards, pour faire pousser leurs griffes. Les chats découvrirent que les lions avaient une cachette secrète dans laquelle ils se limaient les griffes avec des limes. Alors, après avoir vu cela, les chats firent la même chose.

Depuis ce jour, les chats ont des griffes bien tranchantes.

Si un jour vous voyez votre mère chercher sa lime à ongles : prenez votre chat, soulevez-le et vous la trouverez sans doute.

Julien

Autrefois, les chats n'avaient pas de griffes. Ils ne pouvaient pas chasser les souris et les oiseaux. Donc, ils ne faisaient rien de la journée.

Un jour, la mère Michel les mit dehors. Les chats durent alors se débrouiller tout seuls. Ils découvrirent qu'ils avaient des griffes bien pointues et qu'ils pouvaient s'en servir pour chasser les souris.

C'est pourquoi, depuis ce jour, les chats ont des griffes pour se débrouiller tout seuls dans la nature.

Si vous voyez votre chat dormir trop longtemps devant la cheminée, mettez-le dehors.

Justine

À la ferme...

Autrefois, les chats n'avaient pas de griffes. Ils passaient leur journée devant la cheminée. La mère Michel leur achetait des croquettes tous les jours. Elle en avait assez qu'ils ne fassent rien et de devoir sans arrêt s'occuper de ces chats fainéants.

Un jour, la mère Michel les jeta très loin par la fenêtre de la maison. Un oiseau qui tenait un seau d'eau magique leur en versa quelques gouttes sur les pattes. Des griffes se mirent à pousser. Les chats étaient très contents. Ils allaient pouvoir chasser les souris et se débrouiller tout seuls pour manger.

Depuis ce jour, la mère Michel ne les voit pratiquement plus de la journée. Elle est très fière de ses petits chatons.

Si vous voyez la mère Michel crier qu'elle a perdu son chat, dites-lui qu'il est parti chasser les souris.

Coraly

À la ferme...

Nous, on sait pourquoi...

Autrefois, les chats n'avaient pas de griffes et ils ne pouvaient pas grimper aux arbres et sur les toits. Les éléphants, qui avaient des griffes, se moquaient d'eux parce qu'ils pouvaient grimper aux arbres. Les chats étaient tristes.

Un jour, ils en eurent assez que les éléphants se moquent d'eux. Le Chat Botté, qui était le plus malin des chats, leur tendit un piège. Il les assomma et leur vola leurs griffes.

Et depuis ce jour, les éléphants ne montent plus aux arbres et ce sont les chats qui se moquent des éléphants.

À la ferme...

Si vous voyez un éléphant dans un arbre, ne restez pas en dessous !

Clément

Nous, on sait pourquoi...

Pourquoi les lions ont-ils une crinière ?

Autrefois, les lions n'avaient pas de crinière : ils étaient chauves. Pour ne pas attraper de coups de soleil, ils devaient porter de nombreux couvre-chefs. Le lundi, ils portaient des bobs, le mardi des casquettes, le mercredi des sombreros, le jeudi des chapeaux de paille, le vendredi des bandeaux, le samedi et le dimanche des chapeaux melon. Ils faisaient des défilés ridicules et tous les autres animaux se moquaient d'eux.

Mais un jour, un lion, triste d'entendre ces moqueries, décida de partir. Il alla en Russie, rendre visite à son cousin l'ours polaire. Lorsqu'il arriva, comme il était chauve, il eut très froid. Le lion demanda à son cousin s'il n'avait pas quelque chose à lui donner pour lutter contre ce froid. L'ours lui proposa une chapka. Après son séjour, le lion rentra dans la savane avec sa chapka. Personne ne le re-connut et les animaux en eurent très peur.

Depuis ce jour, les lions ont une crinière parce qu'ils portent une chapka.

Si vous voyez un lion sans crinière, c'est que les Russes n'ont pas bien attaché la chapka.

Manon

Pourquoi les tigres ont-ils des rayures ?

Il y a bien longtemps, les tigres n'avaient pas de rayures. Ils étaient noirs. Cela était problématique quand les tigres chassaient la nuit : ils ne se reconnaissaient pas, ils se perdaient et il en manquait toujours un, à l'appel, après la chasse. Quelquefois, ils se rentraient dedans et s'assommaient ce qui permettait aux dompteurs de les capturer plus facilement. Ils finissaient, en cage, à tourner en rond.

Mais un jour, le dompteur décida de rénover les cages des tigres et de les peindre en orange. À l'heure de la sieste, les tigres s'endormirent contre les barreaux fraîchement peints. En se réveillant, ils découvrirent des rayures et trouvèrent cela beau. Comme le dompteur avait oublié de fermer la porte de la cage, ils prirent leurs pattes à leur cou et regagnèrent la jungle.

C'est depuis ce jour que les tigres ont des rayures.

Si vous voyez un tigre sans rayures, au zoo, c'est que c'est l'heure du spectacle de chevaux.

Mathéo

Dans la savane et dans la jungle...

Nous, on sait pourquoi...

Pourquoi le lion est-il le roi des animaux ?

Autrefois, le lion était le plus faible des animaux. Quand il tombait dans un trou, il ne pouvait plus en sortir. Quand il montait dans un arbre, il avait le vertige et ne pouvait plus en descendre. Quand les gazelles le poursuivaient, il prenait ses pattes à son cou et filait à toute allure car il en avait peur.

Mais un jour, le lion fut pris dans des rets et il se mit à pleurer. Sire Rat accourut et fit tant par ses dents qu'une maille rongée emporta tout l'ouvrage. Il dit au lion que, s'il voulait devenir le roi des animaux, il lui faudrait être plus courageux.

Il lui conseilla de manger des céréales : Chocapic®, Frosties®, Lion®. Plus il en mangerait et plus il deviendrait courageux. Et ainsi fut fait !

Depuis ce jour, le lion est le roi des animaux. Tous les matins, pour rugir de plaisir, il mange son bol de céréales et, bien sûr, Sire Rat est son meilleur ami.

Si vous voyez un lion rugir de plaisir, c'est qu'il est l'heure du petit déjeuner.

Antoine

Pourquoi les corbeaux sont-ils noirs ?

Il y a très longtemps, les corbeaux avaient de très belles plumes et une superbe voix. Ils étaient très fiers et donc détestés par tous les animaux. Le corbeau n'aimait qu'un seul fromage, le munster. Il le cachait et le gardait jalousement. Maître Renard, par l'odeur alléché, arriva et lui dit : « Quelles belles plumes ! Quelle belle voix ! » Pour montrer sa belle voix, le corbeau ouvrit le bec et laissa tomber un vieux fromage. Le renard l'attrapa, l'avala et tomba malade.

Mais un jour, alors que le corbeau dégustait égoïstement son munster, le renard revint plus rusé. Il flatta le corbeau :

« Vous êtes le Phénix des hôtes de ces bois. »

Le corbeau ouvrit un large bec et laissa échapper son munster préféré. Le renard le dégusta tandis que le corbeau, furieux, était noir de colère et croassait.

Depuis ce jour, les corbeaux sont noirs et croassent car ils ont appris que tout flatteur vit aux dépens de celui qui l'écoute. Cette leçon vaut bien un munster, sans doute.

Si vous voyez un corbeau qui a des plumes dorées et une belle voix, sortez un plateau : c'est qu'il possède un bon fromage.

Ferdinand

Dans les airs...

Nous, on sait pourquoi...

Pourquoi la cigogne a-t-elle un long bec ?

Il y a très longtemps, la cigogne avait un petit bec, pas très pratique. Elle était amie avec un renard. Ce que la cigogne n'aimait pas, c'était d'aller manger chez lui. En effet, le renard, terrible farceur, servait le repas dans une assiette et elle ne pouvait rien manger ! Cela finissait toujours en prise de bec.

Mais un jour, la cigogne décida de se mettre à la gym pour bec. Elle fit des étirements, du trapèze et du tir à la corde. À force d'efforts, son bec finit par s'allonger. Elle décida, à son tour, d'inviter le renard et de lui faire une blague. Elle lui servit son repas dans une haute cruche avec une petite ouverture. Le renard fut pris et repartit sans dîner tandis que la cigogne, à l'aide de son long bec, dégustait tranquillement le repas.

Depuis ce jour, la cigogne a un long bec et ne passe plus pour une cruche.

Si vous voyez une cigogne sans son long bec, c'est que c'est un rouge-gorge.

Eléone

Pourquoi
les étoiles brillent-elles ?

Autrefois, les étoiles ne brillaient pas. C'est Maître Hibou qui avait décidé cela parce qu'il était très autoritaire et qu'il avait remarqué certains dysfonctionnements :

- Les chauves-souris, qui voulaient voler avec discrétion, étaient phosphorescentes parce qu'elles avaient été saupoudrées de poudre d'étoiles.

- La lune gibbeuse était jalouse car les étoiles brillaient plus qu'elle.

- Armstrong, aveuglé par la lueur des étoiles, atterrit sur Mars au lieu de poser son pied sur la Lune. Donc, Maître Hibou avait ordonné que les étoiles ne brilleraient plus.

Mais un jour, une étoile se rebella et elle fila. Les autres étoiles firent de même. Elles filèrent et se mirent à briller. Elles firent plein de dessins dans le ciel : une grande et une petite ourse, une casserole, un lion, un serpent, etc.

Depuis ce jour les étoiles brillent et le ciel est plein de constellations.

Si vous voyez quelqu'un qui a des étoiles dans les yeux, c'est qu'il file le parfait bonheur.

Maëline

Dans les airs...

Nous, on sait pourquoi...

Pourquoi les nuages sont-ils dans le ciel ?

Autrefois, les nuages étaient sur terre. Les gens les utilisaient comme moyen de transport. On pouvait monter dessus. Ils allaient très vite, grâce au vent, et ne polluaient pas : c'était un bonheur sans nuages.

Le seul problème c'était qu'à la fin du voyage, on était trempé !

Mais un jour, monsieur Ford, qui en avait assez d'être trempé, inventa l'automobile. L'avantage de l'automobile, c'est qu'elle transportait les gens rapidement et qu'ils n'arrivaient pas tout mouillés. Très vite, tout le monde acheta une automobile et les nuages restèrent seuls. Ils firent grise mine et disparurent dans le ciel.

Depuis ce jour, les nuages ne quittent plus le ciel et ont l'humeur changeante.

Si vous voyez un nuage sur terre, c'est qu'il y a du brouillard.

Naïlhan

Dans les airs...

Table des matières

Dans les airs...

Imprimé à Barcelone par:
BLACK PRINT
en août 2018